„AD(H)S – und nun?"

Elternratgeber

Bibliografische Information der Deutschen Nationalbibliothek:
Die Deutsche Nationalbibliothek verzeichnet diese Publikation
in der Deutschen Nationalbibliografie; detaillierte
bibliografische Daten sind im Internet über
http://www.dnb.dnb.de abrufbar.

© 2018 Corinna Wietelmann

Herstellung und Verlag: BoD – Books on Demand,
Norderstedt

ISBN 9783752859980

Einleitung

Ich arbeite seit zwei Jahrzehnten mit ADHS – Eltern, Kindern und Erwachsenen. Ich dachte immer, im Laufe der Zeit wird die Gesellschaft sich ändern und akzeptieren, dass es Menschen gibt, die nun einmal irgendwie anders sind – anders aber nicht schlechter. Ich dachte früher immer, die Welt ist noch nicht reif für Menschen, die anders denken, anders fühlen, anders wahrnehmen und das würde sich im Laufe der Zeit ändern.

Heute weiß ich, dass die Welt noch weniger bereit und reif ist für Menschen, die anders denken, anders fühlen, anders wahrnehmen und ich befürchte, sie wird es nie werden.

Ich begleite seit zwei Jahrzenten Eltern spezieller Kinder und diese speziellen Kinder und ich kann ganz klar sagen, sie sind anders, sie sind speziell und sie sind grandios einzigartig.

Sie sind einzigartig im Denken, im Handeln, im Fühlen, im Wahrnehmen und diese Einzigartigkeit bedarf eines anderen Umgangs mit Ihnen, einer anderen Förderung und einer anderen Erziehung.

Ich weiß, dass aus diesen speziellen, einzigartigen Kindern spezielle, einzigartige Erwachsene werden, die sehr wohl IHREN Weg finden und unsere Gesellschaft bereichern – wenn man sie denn lässt und wenn man einen Weg findet, wie SIE in unserer Gesellschaft leben können.

Dieser Ratgeber soll allen Eltern helfen, mit der stürmischen Erziehung und Begleitung Ihrer speziellen Kinder klar zu kommen und Ihnen helfen, SICH SELBER im Alltagstrubel nicht zu vergessen. Die Erziehung und Begleitung spezieller Kinder fordert viel Kraft und Energie und Eltern – vor allem Mütter – begehen den großen „Fehler", Ihre eigenen Bedürfnisse zu vergessen und zu ignorieren – sei es aus Stress, aus Liebe zum Kind oder weil anscheinend einfach keine Zeit bleibt. Ihre eigenen Bedürfnisse sind allerdings ebenso wichtig, wie die Bedürfnisse Ihres Kindes.

Die Begleitung und Erziehung spezieller Kinder verbraucht viel Kraft und Energie und Sie können Ihren Kindern nur dann eine Hilfe sein, wenn Sie auf Ihre eigenen Batterien achten und diese immer wieder aufladen könne – im besten Fall halten Sie Ihre Batterien immer auf einem bestimmten Level☺

Dieses Buch gibt Ihnen als Eltern Hilfestellungen an die Hand, die Ihren Familienalltag entstressen sollen, einfacher machen sollen und Ihnen helfen sollen, in bestimmten Situationen wie z. B Hausaufgabensituation, „Nein – ich will aber nicht" – Situationen ruhiger und entspannter zu bleiben.

Ihre Kinder werden Ihren Weg finden und sich in der Gesellschaft behaupten und Sie als Eltern können Ihnen diesen Weg ebnen und Sie begleiten.

„AD(H)S gibt es sehr wohl – aber nicht überall wo AD(H)S drauf steht ist auch AD(H)S drin"

AD(H)S hat viele Namen; AD(H)S, ADS, Aufmerksamkeitsdefizitstörung, Hyperkinetisches Syndrom, ADHD, ADD, POS...

Diese Kinder sind entweder laut, halten sich an keine Regeln, springen über Tische und Bänke, erwecken den Anschein nie zuzuhören und schon gar nicht das zu machen, was man von Ihnen möchte.

Sie sind rüpelhaft, sprengen jede normale Mahlzeit, stören den Morgenkreis und bringen die Lehrer an den Rand des Wahnsinns.

Eltern sind hilflos und überfordert, probieren eine Erziehungsmethode nach der nächsten, doch nichts scheint zu funktionieren. Das Familienleben dreht sich nur noch um „das schwierige Kind" und es kommt nicht selten zu Schuldzuweisungen von Mama und Papa. Im Familienleben dreht sich alles nur noch um die nicht – funktionierende Erziehung und Schule und Hausaufgabensituation machen alles nicht besser.

Eine andere Gruppe der Kinder ist still, leise, „lahm", verträumt, scheint nicht zuzuhören und in der eigenen Welt zu leben, Anweisungen „verpuffen", alles wird vergessen und die Lehrer sprechen vom „Träumerle". Diese Kinder sind in den Augen von Erziehern und Lehrkräften besser zu ertragen und lieber gesehen, als die andere Gruppe der Kinder – sind sie doch einfacher zu händeln – und doch lauert hier eine besondere Gefahr…

Die Gefahr, des Übersehens! Diese Kinder, besonders oft sind es Mädchen, werden einfach „abgestempelt" als Träumerchen und „verpeilt" und es wird lange Zeit versäumt, Sie individuell, nach Ihren Ansprüchen gut zu fördern. Dieser Zeitverlust kann allerdings gravierende Folgen für das Selbstvertrauen und Selbstwertgefühl dieser Kinder haben – merken Sie doch, dass Sie die gestellten Anforderungen nicht erfüllen können und es kommt zu ständigen Misserfolgen.

Egal ob ADHS – der wilde und laute oder **ADS** – der ruhige und „vergessliche" – beide benötigen eine „andere" Erziehung und Begleitung auf Ihrem Weg durch das Leben. ADHS und **ADS** sind spezielle Kinder mit speziellen Anforderungen an Erziehung, Erklärungen, Lernen, Verstehen, Wahrnehmen – und an Ihre Bezugspersonen.

Wir, Eltern, Erzieher, Lehrer – machen oftmals den gravierenden Fehler, dass wir uns bei diesen Kindern genau auf das fokussieren, was Sie „nicht" können, statt auf das, was Sie können. Es gibt, besonders am Anfang einer ADHS/ADS – Diagnose so viele Dinge, die diese Kinder NOCH nicht können…Sie können sie aber lernen und die Kinder werden diese Dinge lernen….

„Jedes Kind kann lernen – aber nicht am gleichen Tag und nicht nach der gleichen Methode" – G.Evans

Und damit wären wir schon bei einem entscheidenden Punkt...AD(H)S lernt anders, begreift anders, nimmt anders wahr – und somit benötigt es „andere" Erziehungsmethoden und Lernmethoden.

Wie denkt AD(H)S

AD(H)S kämpft mit Besonderheiten in der Gehirnstruktur, die sich im Denken und Lernen zeigen.

Eigenschaften von ADHS

Clever, schnell begreifen, um Ecken denken können, schnelle Ideen und Lösungen entwickeln können, Zusammenhänge schnell begreifen können, Konzentration lässt schnell nach, das Fokussieren auf „langweilige" Dinge UND Buchstaben/Zahlen funktioniert nicht, schnelles Vergessen, Unruhe – nicht still sitzen können, schneller handeln als denken, Arbeitsabläufe können nicht geplant werden, keine Routine, viele Dinge wurden nicht automatisiert, starke Stimmungsschwankungen, sehr sensibel – wird oft mit Streiten oder Coolness übertüncht.

ADHS hat mit drei Teufelchen zu kämpfen, die ihn einfach oft lahmlegen, ohne dass er es bemerken würde.

„SPEEDY" – lässt Ihn unruhig sein, zappelig, fahrig, schnell handeln ohne zu denken, „SPEEDY" kennt keine Ausdauer und langweilige Sachen wie Schule sind doof, „SPEDDY" lässt die Kinder von jetzt auf gleich ohne Vorwarnung wütend und frustriert werden – er sorgt dafür, dass die Frustrationstoleranz nicht funktioniert.

„HELPY" – lässt die Kinder von jetzt auf gleich panisch werden, Angst haben, ein schlechtes Denken von sich selber haben. „HELPY" sorgt dafür, dass die Kinder besonders vor Arbeiten und Tests so viel Panik bekommen, dass Sie einen totalen Black – Out bekommen und nichts geht mehr – „Kann ich nicht", „Schaffe ich nie", „Die anderen sind besser", „Das verhaue ich sowieso".

„VERGESSY" – sorgt dafür, dass die Kinder alles wieder vergessen, was Sie eben noch wussten – er kontrolliert das Arbeitsgedächtnis. Das Arbeitsgedächtnis weißt im Gegensatz zu anderen Kindern einen geringeren Speicherplatz und Arbeitsleistung auf. Das hat zur Folge, dass weniger Infos hineinpassen und z. B weniger Vokabeln, weniger 1x1 gelernt werden kann. Nun kommt „VERGESSEY" und reduziert diese Kapazität nochmals.

„VERGESSY" sorgt dafür, dass viele Informationen erst gar nicht im Hirn ankommen sondern gleich im Papierkorb landen.

ADHS – Kinder werden von Ihren drei kleinen Teufelchen so schnell heimgesucht, dass Sie sie weder bemerken, noch etwas daran ändern könnten. Dieser Zusammenhang ist wichtig für Eltern und Lehrer! Es macht keinen Sinn, die Kinder darauf hinzuweisen, dass Sie sich konzentrieren sollten, endlich anfangen sollten, ihre Aufgaben zu machen...Sie merken noch nicht mal, dass Ihre Aufmerksamkeit wegrutscht und Ihre Gedanken auf Wanderschaft gehen.

Die Anwesenheit dieser drei Teufelchen sorgt beim Lernen und auch innerhalb der Erziehung dafür...

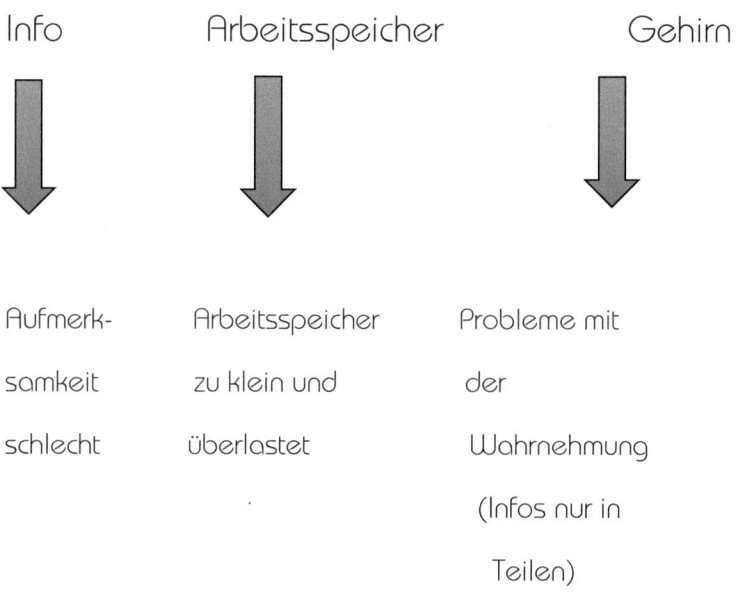

Info	Arbeitsspeicher	Gehirn
Aufmerk-samkeit schlecht	Arbeitsspeicher zu klein und überlastet	Probleme mit der Wahrnehmung (Infos nur in Teilen)

ADS

ADS kämpft „nur" mit

„VERGESSY" und „HELPY", was die Sache aber nicht besser macht. Diese Kinder gelten als verträumt, vergesslich, unaufmerksam und viele Eltern treibt das typische ADS – Wesen in den Wahnsinn.

ADS zeichnet sich beim Lernen dadurch aus, dass Sie ebenfalls ihre Aufmerksamkeit nicht lenken können, was dazu führt, dass zu wenige Infos aufgenommen werden können – Ihnen fehlen wichtige Teile vom Gesagten oder Gesehenem. Der Arbeitsspeicher ist ständig überlastet und ebenfalls zu klein – er „hängt sich einfach auf", wie ein überlasteter PC. Dies führt dazu, dass strukturiertes Planen und Arbeiten nicht möglich wird und auch Sie haben Probleme mit den Wahrnehmungen – Sie bekommen nur unvollständige Infos ins Gehirn und diese werden darüber hinaus oftmals an „falschen Plätzen" abgelegt. Die Kinder haben somit keinen Zugriff auf abgespeicherte Inhalte, weil

Sie sich ständig „neu suchen" müssen. Diese Kinder wirken geistesabwesend, sehr langsam, „verpeilt" und es stehen oft wenige Aufgaben im Heft.

Auch hier macht es keinen Sinn, Ihnen zu sagen, Sie sollen sich konzentrieren und anfangen..Sie wissen ja oft nicht mal mit was Sie anfangen sollen☺

Kinder mit ADHS und ADS benötigen eine andere Begleitung, eine andere Vorgehensweise in der Erziehung, bei den Hausaufgaben und auch andere Lernmethoden. Die Lernmethoden müssen auf Ihre Besonderheiten abgestimmt sein – dann klappt es auch mit dem Lernen☺

AD(H)S ist halt speziell ☺

„Mit jedem Menschen ist etwas Neues in die Welt gesetzt, was es noch nicht gegeben hat – etwas ERSTES und EINZIGES" M. Buber

Symptome können sein

Baby – Kleinkindalter - Schulkind

- Schlafstörungen
- Fütterstörungen
- mag nicht kuscheln
- „Schreibaby"
- hält sich nicht an Regeln
- zügelloses Verhalten
- Distanzlosigkeit
- scheint nicht zuzuhören
- zappelig
- schnell ablenkbar
- Stimmungsschwankungen
- Reizbarkeit
- kommt schlecht mit Gleichaltrigen klar
- keine Frustrationstoleranz
- kann nicht warten
- Stress mit dem Lehrer
- Legasthenie/Dyskalkulie

Ausnahmen bestätigen die Regel:

- 1:1 Betreuung
- neue, ungewohnte Umgebung
- Situationen die verunsichern
- kleine Gruppe
- jüngere Kinder
- Beschäftigungen die interessieren, spannend und neu sind

Unter diesen Umständen kann auch AD(H)S zuhören, mitmachen und gut gelaunt sein☺

Ein Leben mit ADHS – Kindern gleicht einer Achterbahnfahrt, einem hohen Wellengang auf wilder, offener See und als Eltern braucht man Nerven aus Drahtseil ☺

Das Wissen um einige „Basics" im Umgang mit AD(H)S macht die Achterbahnfahrt etwas ruhiger und der Wellengang auf hoher See wird erträglicher – die Wellen nehmen ab ☺

Was braucht ADHS/ADS

1. Sichere Eltern, die von sich selber überzeugt sind

Ich höre bereits die ersten Kritiken☺ „Wie soll das denn gehen?", „Du hast gut reden", „Du weißt ja nicht wovon du sprichst".

Kinder mit AD(H)S haben eine wahnsinnig gute Antenne und Sie fühlen alle „Ungereimtheiten" und „Unsicherheiten" – auch wenn sie nur in der Luft liegen und nicht ausgesprochen werden! Das ist der Grund, warum Eltern Ihren Ehestreit nicht verheimlichen können, diese Kinder werden ihn merken.

Sie als Eltern brauchen eine doppelte Portion als Selbstsicherheit und Selbstvertrauen bei dem was Sie tun. Sie müssen in sich selber ruhen und wirklich sicher sein, das Richtige zu tun – ohne Wenn und Aber.

Ich weiß, wie schwer das ist und ich weiß, dass Sie nächtelang wach liegen und sich immer wieder fragen, ob Sie das Richtige machen, ob Sie dem gewachsen sind, ob Sie nicht unfair waren…

Informieren Sie sich über alles, was Sie über ADHS/ ADS finden können. Wenn Sie die unterschiedlichen Medieninformationen verunsichern, machen Sie einen Beratungstermin bei einem psychologischen Berater, Psychotherapeuten – auf ADHS/ADS spezialisiert – bei einem AD(H)S Berater oder Lerntherapeuten. Oftmals helfen diese Gespräche, die vielen Gedanken die Sie haben zu sortieren und in die richtige Reihenfolge zu bringen.

Legen Sie für sich einen Weg fest – und bleiben Sie auf diesem Weg! Lassen Sie Ihr Umfeld reden und verbitten Sie Sich die guten, ungefragten Ratschläge.

Ihre Mitmenschen werden immer mit irgendwelchen Ratschlägen zur Stelle sein, und Sie werden auch immer alles besser wissen als Sie selber – schaffen Sie sich ein dickes Fell an und werden Sie taub☺

Legen Sie klar fest, auf welche Regeln Sie in Ihrer Familie Wert legen und diese halten Sie schriftlich fest – und bleiben Sie dabei.

Sie müssen der Fels in der Brandung werden und Ihre Kinder müssen die Standfestigkeit dieses Felsens spüren.

Wandern Sie von einer Erziehungsmethode zur nächsten oder sind Sie unsicher bei dem was Sie sagen oder machen, wird Ihr Kind das merken und ausnutzen – bewusst oder unbewusst. In diesem Moment verlieren Sie die Kontrolle über die Situation und über Ihr Kind – Ihr Kind übernimmt☺

„Zweifle nicht am Blau des Himmels, wenn über Deinem Dach dunkle Wolken stehen" - unbekannt

2. Klare Ansagen

Wir leben in einer Zeit, in der Eltern mit Ihren Kinder alles „haar – klein – ausdiskutieren". Eltern sind der Ansicht, Ihre Kinder nicht als gleichwertig sondern als gleichberechtigt behandeln zu müssen. Ich erlebe es in meiner täglichen Praxis immer wieder, dass Eltern Ihren Kindern einen „Dauermonolog" halten, nach dem Motto: „Das macht man aber nicht, weil…", „Ich habe Dir doch so oft gesagt, dass Du XY nicht machen sollst, weil……", „XY, sag mir doch bitte, warum Du immer so unausstehlich bist und immer so gereizt bist"! (Frage ging an 2 jährigen…)

ADHS und ADS haben die Problematik der kürzeren Aufnahmefähigkeit im Arbeitsgedächtnis, kürzeres Erinnerungsvermögen und Probleme, sich an Regeln zu halten.

Diese Art der Kommunikation übersteigt Ihre Fähigkeit – und die aller anderen Kinder!

KLAR, KNAPP, KURZ oder besser – die wichtigen 4 W – Aufforderungen

Stellen Sie sicher, dass Sie Ihr Sprössling überhaupt wahrnimmt! Nur weil Sie aus der Küche nach Ihm rufen, heißt das nicht, dass er Sie registriert...

Stellen Sie IMMER Augenkontakt her oder / und berühren Sie Ihr Kind kurz.

„Ich möchte Dir etwas sagen, hör mir bitte kurz zu".

KURZE Sätze

KNAPP gehalten

KLARE Ansagen ohne „Wischi – Waschi"

„Ich möchte, dass Du Dein Zimmer aufräumst"

„Ich möchte nicht, dass Du Deinen Bruder schlägst"

Noch besser und effektiver sind die 4 wichtigen „W's", die eigentlich aus der Kommunikation mit autistischen Kindern kommen. Ich wende diese Methode seit

Jahren auch bei ADHS'lern an und das sehr erfolgreich.

WAS soll gemacht werden

WIE soll es gemacht werden

WANN soll es gemacht werden

WO soll es gemacht werden

Kurz, knapp und klar – zu lange Sätze mit zu viel Inhalt bekommen diese Kinder nicht mit – es verpufft.

Nachdem Sie Ihre Aufforderung gegeben haben, vergewissern Sie sich bitte immer, ob Ihr Sprössling verstanden hat, was er tun soll…

„Kannst Du bitte wiederholen, was ich gesagt habe"

Nur so stellen Sie sicher, dass Ihr Sprössling Ihnen auch wirklich zuhört ☺

3. Regeln, Konsequenzen, Grenzen, Rituale

Aus irgendwelchen unerfindlichen Gründen, verwechseln viele Eltern heute Regeln und Grenzen mit Strenge und Freiheitsberaubung. Immer wieder höre ich von Eltern „Mein Kind bekommt keine Strafen und Regeln kennt es auch nicht -es ist ja noch so jung".....

Regeln und Grenzen geben Kindern Sicherheit, Orientierung und Struktur.

Konsequenzen sind die logische Folge von nicht eingehaltenen Regeln.

Rituale helfen Kindern, unser Leben zu verstehen.

Angenommen, Sie sind berufstätig und Ihr Sprössling trödelt jeden Morgen so lange, bis Sie 3x pro Woche zu spät zur Arbeit kommen.

Regel: Arbeitnehmer kommen pünktlich

Sie haben diese Regel aber nun 3x in einer Woche gebrochen.

Konsequenz dürfte sein, dass Ihr Chef wenig erfreut darüber ist und Sie zu einem weniger netten Gespräch bittet.

Kinder können und müssen lernen, sich an Regeln und Abmachungen zu halten – zu Ihrem eigenen Wohl und dem Wohl der Mitmenschen – und für Ihre eigene Entwicklung.

Wir leben in einer Welt, in der Eltern sehr gerne, sehr genau alles mit Ihren Kindern ausdiskutieren und argumentieren und in Ellen – langen Monologen erklären.

Dieses Vorgehen führt schon bei anderen Kindern zu einer Überforderung und Verwirrung – bei Kindern mit AD(H)S noch viel mehr!

Kinder mit AD(H)S sind auf klare Regeln und Konsequenzen angewiesen um die Chance zu haben, zu lernen, sich in unserer Welt zurecht zu finden.

Stellen Sie immer nur eine Regel zur Zeit auf und halten Sie durch☺

Selbst, wenn Ihr Kind viele Verhaltensweisen zeigt oder auch nicht zeigt – entscheiden Sie sich immer nur für eine Regel oder eine Anweisung, die Sie üben möchten.

Machen Sie sich eine Liste, mit Verhaltensweisen, die Ihr Kind erlernen soll oder aber die es verlernen soll und nummerieren Sie diese nach Wichtigkeit.

Sie finden hier eine **Liste**, die Sie dafür nutzen können.

Verhalten/Regel	Nr.

Nun überlegen Sie sich, welche Konsequenz Ihr Kind ereilt, wenn es nicht an die Regel hält.

„Keine Regel ohne Konsequenz"

Auch hierfür finden Sie auf der nächsten Seite eine Liste, die Ihnen helfen soll, die passenden Konsequenzen zu finden. Wichtig hierbei ist, dass diese Konsequenzen…

- Immer eintreten müssen
- Sofort eintreten müssen
- Sie diese Konsequenzen garantiert durchhalten
- Sich das jetzige Verhalten Ihres Kindes erst einmal verstärken kann!
- Sie durchhalten
- Sie auch Teilziele loben und anerkennen!
- Sie loben, loben, loben wenn Ihr Kind sich an Ihre Regel hält
-

Regel	Konsequenz

Es ist hierbei wichtig, sich als Elternteil sehr genau zu beobachten. Manchmal verstärken wir unbewusst das Verhalten unserer Kinder und sorgen so dafür, dass es sich verfestigt...

Verhalten des Kindes	Regel	So reagiere ich..

Situation	Verhalten Kind	Verhalten Eltern	So geht es andern…

Unter Umständen kann es Sinn machen, hierfür einen Verstärkerplan einzuführen. Dieser Verstärkerplan hilft, neues Verhalten aufzubauen, Regeln einzuhalten und Alltagsroutine zu verinnerlichen.

Hier finden Sie die Anweisung für den Verstärkerplan sowie einen Beispiel – Verstärkerplan zum Download

Ebenfalls kann es helfen, Ihre Kinder mit Piktogrammen zu unterstützen. Piktogramme visualisieren Regeln, Anforderungen, Verbote zusätzlich und können vielfältige Dienste leisten.

AD(H)S – Kinder benötigen unterschiedliche und individuelle Hilfsmittel, um Regeln, Anforderungen, Routinen zu verinnerlichen – hier gilt

„Versuch macht klug"

4. Entspannung

Es wird immer wieder darauf hingewiesen, dass besonders ADHS – Kinder austoben sollen. Das stimmt natürlich, da sich sonst Ihre Energie anstaut und Sie wieder nicht zu bändigen sind☺

Dennoch ist es besonders für Kinder mit ADHS wichtig, sich in Entspannung zu üben und hierin wirklich regelmäßig unterstützt zu werden.

Das ADHS – Gehirn ist ständig überreizt und somit auch Körper, Geist und Seele. ADHS – Kinder müssen lernen, inne zu halten und achtsam auf sich und Ihren Körper zu hören. Diese Entspannungseinheiten tuen Ihnen gut und Sie können lernen, sich in stressigen Situationen wie Schultest oder Streit mit anderen zu beruhigen.

Fantasiereisen kommen bei Kindern und Jugendlichen immer gut an☺

5. Einen geregelten Tagesablauf mit Struktur

Ein immer wieder gleicher und wiederkehrender Tagesablauf ist das A und O mit ADHS – Kindern. Für viele Eltern stellt dieser Punkt mit die größte Herausforderung dar, ist doch nicht immer alles planbar und vorhersehbar und dennoch – dieser Punkt ist mit der wichtigste Punkt.

Das Problem an der absoluten Tagesstruktur ist wohl, dass hiermit auch Wochenenden und Ferien gemeint sind – bei Sommer und Sonne und Regen und Winter – immer!

Kinder mit ADHS reagieren „allergisch" auf Veränderung und sei sie noch so klein…

Das wird oftmals bereits bemerkbar, wenn die Kids am Wochenende länger aufbleiben dürfen oder länger Schlafen dürfen oder aber die normalen Regeln etwas „schleifen" gelassen werden.

Diese Liste soll Ihnen helfen, Ihre Struktur „unter die Lupe" zu nehmen.

	Ja	Nein
Bei mir ist immer was los		
Ich führe ein spontanes Leben		
Ich achte nicht so auf das Einhalten von Regeln		
Mein Kind hat ADHS und kann sich somit nicht an Regeln halten		
Stören Geschwister Ihr ADHS Kind beim Spielen oder den Hausaufgaben		
Läuft bei Ihnen immer das TV		
Muss Ihr Kind viele Veränderungen hinnehmen		
Ist das Kinderzimmer übervoll mit Spielsachen		
Ist das Kinderzimmer strukturiert		
Gibt es bei Ihnen feste Rituale		
Sind Sie sich über die Erziehung mit Ihrem Partner einig		
Gibt es viele Schuldzuweisungen		

Je mehr Fragen sie hierbei mit „JA" beantworten, umso dringender benötigt Ihr ADHS – Kind Struktur im Alltag.

Eine klare und regelmäßige Tagesstruktur hilft besonders Kindern mit AD(H)S, sich in unserer Welt zurecht zu finden, Regeln und Anforderungen verinnerlichen zu können und sie geben Halt und Sicherheit.

Die Herausforderung besteht darin, diese Struktur wirklich immer aufrecht zu erhalten und nicht davon abzuweichen. Besonders an Wochenenden und in den Ferien denken viele Eltern, dass man hier die Tagesstruktur des Alltags „schleifen" lassen kann – was die meisten ADHS – Kinder mit Unruhe, dem nicht – einhalten von Regeln und Machtkämpfen kommentieren.

ADHS – Kinder mögen keine Veränderung und fordern in diesen Fällen Ihre „normalen" Strukturen rigoros ein.

6. Selbstbeherrschung muss gelernt sein

Kinder mit ADHS haben aufgrund Ihrer veränderten Hirnareale und der veränderten Wahrnehmung extreme Schwierigkeiten mit der Selbstbeherrschung und der Frustrationstoleranz. Dennoch geht kein Weg daran vorbei, diese Dinge so schnell wie möglich zu erlernen, um so wenig wie möglich bei anderen „anzuecken".

Die mangelnde Selbstbeherrschung wie auch die verminderte Frustrationstoleranz sorgen u. a. dafür, dass diese Kinder immer wieder Probleme in Gruppen bekommen, Stress und Streit vorprogrammiert ist und das eigene SELBST aus den gemachten Erfahrungen extrem leidet.

Es ist wichtig, dass mit diesen Kindern von Anfang an an Ihrer Selbstbeherrschung und somit an der Frustrationstoleranz „gearbeitet" wird – auf nette aber konsequente Art und Weise ☺

ADHS – Kinder sind in der Lage, sich zu beherrschen und zurückzuhalten, WENN Ihnen eine Sache wirklich wichtig ist!

Dennoch gehören zu Ihren Eigenschaften:

- Unbeherrscht sein
- Aufbrausen
- Nicht warten können
- Handeln ohne nachdenken
- Konsequenzen aus Handlungen nicht vorhersehen
- Ungeplantes Handeln
- Schnell wütend werden
- Stimmungsschwankungen mit sofortiger „Entladung"
- Bedürfnisse und Impulse können schwer kontrolliert werden

Diese Eigenschaften machen den Alltag mit ADHS – Kindern nicht gerade einfach und er gleicht einer Achterbahnfahrt mit vielen Loopings ☺

Helfen Sie Ihren ADHS – Kindern so früh wie möglich, diese wichtigen Eigenschaften und Fertigkeiten zu erlernen – es wird Ihnen, Ihrem Alltag und Ihren Kindern guttun!

- Leben Sie Ihren Kindern vor, wie man Handlungen gut durchdenkt und plant. Sprechen Sie laut vor Sich hin, wenn Sie mit einer Sache beschäftigt sind oder etwas planen müssen – und erwähnen Sie auch die Konsequenzen, die sich einstellen könnten. An Hand dieses „Modellernens" lernt Ihr Sprössling, dass auch Sie alles durchdenken, wie man plant und dass man auch die Konsequenzen bedenken muss.
- Erkennen Sie „explosive Situationen" bevor sie explodieren und verändern Sie sie. Diese „explosiven Situationen" so frühzeitig zu erkennen, dass Sie diese noch verändern können, ist nicht immer einfach – ein ADHS – Kind hat die Gabe von 0 auf 100 in 0,2 Sek. zu sein ☺ Je genauer Sie die Situationen beobachten,

je besser erkennen Sie die „explosiven Situationen".

- Verdeutlichen Sie Ihren Kindern, wie SIE bestimmte Situationen empfinden. Fertigen Sie Karten an mit den Zahlen 1 – 6. Diese Karten bekommen einmal Sie und einmal Ihr Kind. Hier ist die „beste Zahl" die 6! Nun fragen Sie Ihren Sonnenschein, wie er Situatione x bewerten würde und dafür gibt es eine „Note" – nun bewerten auch Sie diese Situation und vergeben eine „Note" – ich wette, Ihr Kind sieht sich und Situationen völlig anders als Sie☺ Mit diesen Karten können Sie die Wahrnehmung Ihrer Kinder trainieren, im Zusammenhang mit Situationen und sich selber, sowie z. B auch die Verfassung der Eltern.

Diese Liste kann Ihnen dabei helfen:

explosive Situation	Das war vorher	So habe ich reagiert

Entschärfen sie diese Situationen und wenn nichts mehr geht, verlassen Sie das „Gelände" ☺

- **Erst Stoppen**

Um Ihre sprunghaften und spontanen Sprösslinge in bestimmten Situationen zu stoppen, bringen Sie Ihnen ein „Stopp-Signal" bei! Vereinbaren Sie ein Signalwort wie „Halt", „Stopp", „Denk nach"…üben Sie mit Ihrem ADHS – Kind, sich an dieses Signal zu halten und in diesem Moment alles „fallen zu lassen". Hier hat sich der Verstärkerplan bewährt! Nun fragen Sie Ihren Sprössling, WAS genau er tun möchte und WIE er es tun möchte oder aber, WAS genau er machen SOLL.

Helfen Sie Ihrem ADHS – Kind am Anfang dabei, diesen Schritt zu bewältigen und mit Erfolg bewältigen zu können – genau dieser Schritt ist für viele ADHS – Kinder sehr kompliziert und alleine am Anfang kaum zu bewältigen.

Erst wenn klar ist, WAS Ihr Sprössling machen möchte und WIE er es machen möchte, darf er loslegen.

Achten Sie darauf, dass Ihr ADHS – Kind seinen Plan wirklich formuliert UND auch einhält!

Nach und nach sollte Ihr ADHS – Kind lernen, dieses Stopp – Signal alleine zu nutzen – es soll ein Automatismus werden, den Ihr Sprössling irgendwann alleine einsetzen kann.

Dieses „Stopp – Signal" sollte auch bei Hausaufgaben, Schultest & Co eingesetzt werden. So werden viele Flüchtigkeitsfehler vermieden und Ihr Kind lernt, sich LANGSAM einer Aufgabe zu stellen und diese Schritt für Schritt zu bewältigen.

- Bringen Sie Ihrem ADHS – Kind bei, vor jeder Handlung „Selbstgespräche" zu führen. Es hat sich in Untersuchungen gezeigt, dass ADHS – Kindern dieses „innere Sprechen" vor einer Handlung, vor einer Aufgabe, vor einer Herausforderung fehlt und dieses „Fehlen" die unstrukturierte Arbeits – und Handlungsweise noch verstärkt.

7. Mit Wut umgehen

Handlungen zu planen, Aufgaben zu bewältigen, mangelnde Frustrationstoleranz und Impulsivität führen bei ADHS – Kindern schnell zu Wutanfällen – auch hier gilt „von 0 auf 100 in 0,2 Sekunden" ☺

Für Eltern ist dieses Verhalten, dieser kleine und große „Wüterich" oft unverständlich und vor allem unerträglich. Deshalb ist es wichtig, Kindern von Klein an beizubringen, vernünftig mit Ihrer Wut umzugehen.

Wut ist normal, wichtig und gut und sie muss raus! Verlangen wir von unseren Kindern, dass man Wut nicht zeigen darf und dass „man das nicht macht", verlagert sich die Wut und die Aggression nach innen und macht die Lage der ADHS – Kinder nicht besser.

ABER: Wut und Aggressionen dürfen weder das betroffene Kind, noch Gegenstände, noch andere Menschen schädigen oder verletzen und darauf sollten Sie pochen!

ADHS – Kinder haben Schwierigkeiten, Ihre eigenen Gefühle zu erkennen und in Worte zu fassen. Genauso wenig erkennen Sie die Gefühlslage Ihres Gegenübers, was immer wieder zu Problemen führt. Spielen Sie „Gefühlspantomime" mit Ihrem Kind, basteln Sie ein „Gefühlsmemory", spielen Sie Gefühle vor dem Spiegel nach, lassen Sie sich immer wieder erklären, wie Ihr Kind sich fühlt und erklären Sie, wie Sie Sich fühlen.

Spiegeln Sie die Gefühle:

Setzen Sie sich mit Ihrem Sprössling entspannt auf den Boden so, dass Sie sich gut beobachten können. Fragen Sie Ihr Kind, WIE es fühlt und WARUM.

„Ich fühle mich heute wütend und traurig, weil ich die Deutscharbeit vermasselt habe".

Nun nehmen Sie das Gesagte auf, „Ich verstehe, dass Du Dich wütend und traurig fühlst, weil Du die Deutscharbeit vermasselt hast. Ich fühle mich dann eher hilflos".

So lernt Ihr ADHS – Kind eigene Gefühle zu erkennen und zu äußern und es lernt, dass andere Menschen andere Gefühle haben können, als Sie selber☺

In diesem Zusammenhang kommen Eltern spezieller Kinder oftmals an einen Punkt, an dem Sie „nur noch" alles negativ sehen und nicht nur Kinder sondern auch die Eltern Probleme mit diesem Spiel haben. Eltern sind an diesem Punkt der Überzeugung…

- „Mein Kind ist nur chaotisch"
- „Mein Kind macht nur Mist"
- „Mein Kind ist nur aggressiv"
- „Mein Kind ist nur pampig zu mir"

Hier ist ein Perspektivenwechsel dringend erforderlich, um diesen gefährlichen Teufelskreis zu verlassen.

Kein Mensch dieser Welt ist „nur chaotisch", „macht nur Mist", „ist nur aggressiv", „ist nur pampig". ADHS – Kinder sind eigen und mit keinem anderen Menschen zu vergleichen – wie andere Kinder eben auch☺

ADHS – Kinder haben viele tolle, einzigartige Eigenschaften und an diese sollten Sie sich wieder erinnern.

Hier finden Sie ein „Positiv – Tagebuch", dass Ihnen helfen soll, sich einige Zeit wirklich NUR auf die positiven Eigenschaften und Stärken Ihrer Kinder zu fokussieren.

Ebenfalls helfen kann Ihnen diese Liste, mit deren Hilfe Sie Ihren Blickwinkel ändern können.

Negative Eigenschaft	Positive Eigenschaft
Laut	ernergisch
chaotisch	kreativ

Verändern Sie mit Hilfe dieser Liste alle „negativen" Eigenschaften in positive Eigenschaften – Sie werden erstaunt sein☺

Stellen Sie klare „Wutregeln" auf! Wut und Aggressionen sind wichtig und müssen Ausdruck finden, aber in geordneten Bahnen und nicht willkürlich. Geben Sie Ihrem Kind ein dickes Kissen, zum hinein – boxen, einen Sandsack, eine „Wutecke" mit Kissen und Decken. Mit diesen Dingen darf es seine Wut abreagieren und seinen Aggressionen freien Lauf lassen.

Ich kenne Familien, in denen diese "Wutecken" für die Kinder angeschafft wurden und über Wochen darauf geachtet wurde, die Kinder zum „Wüten" wirklich immer in diese Ecken zu schicken. Nach einigen Wochen hatten die Kinder den Sinn dieser „Wutecken" so verinnerlicht und akzeptiert, dass die Kids IHRE Eltern zum „Abreagieren" Ihrer schlechten Laune und zum Entspannen in eben diese „Wutecken" geschickt haben☺

Halten Sie Ihre Kinder immer wieder in aufmunternder Art und Weise an, diese „Wutecken" aufzusuchen und erklären Sie Ihnen immer wieder, warum diese „Wutecken" so wichtig sind.

Kommen Sie nach dem Abreagieren Ihrer Kinder immer wieder mit Ihnen ins Gespräch und fragen Sie nach dem Grund der Wut – Gefühle erklären und Situationen beschreiben.

ACHTUNG FALLE:

Will Ihr Sprössling mit seinen Wutanfällen einen Machtkampf mit Ihnen austragen und seinen Willen durchsetzen, darf Ihr ADHS – Kind KEINEN Erfolg damit erzielen.

Hier ist es wieder wichtig, dass Sie als Eltern genau darauf achten, ob Sie vielleicht unbewusst die Reaktionen/Verhalten Ihres Kindes bestärken und damit nur weiter verfestigen.

Bei einem Machtkampf bleiben Sie cool und lassen Sie sich zu keiner Diskussion hinreisen – die werden Sie verlieren☺

Ignorieren Sie in diesen Fällen das „Getobe" Ihrer Kinder soweit es irgend möglich ist!

Goldene Regel:

„Wer sinnlos tobt, schreit und Machtkämpfe will, wird ignoriert"

Schafft der kleine/große „Wüterich" es, sich selber zu beruhigen und legt er wieder ein normales und akzeptierbares Verhalten an den Tag, bekommt er auch wieder Aufmerksamkeit und Zuspruch.

Hat Ihr ADHS – Kind geschafft, sich selber zu beruhigen – LOBEN Sie es dafür!!!

„Ich finde es so toll, dass Du Dich alleine beruhigt hast"

„Ich bin so stolz auf Dich, dass Du es geschafft hast, Dich zu beruhigen"

Erklären Sie IMMER, WARUM Sie loben!

Ein Lob „ Ich bin stolz auf Dich" erklärt Ihrem Kind nicht, AUF WAS Sie stolz sind.

Erklären Sie Ihrem Sprössling ebenso, warum Sie sein Verhalten missbilligen...Kinder mit ADHS haben große Schwierigkeiten der

Perspektivenübernahme und können sich nicht – oder nur sehr schwer – in andere Menschen, deren Gefühle, deren Bedürfnisse hineinversetzten. Diese Perspektivenübernahme müssen Sie immer wieder über viele Jahre üben und lernen. Je nachdem, in wie weit Ihr Sprössling neben der ADHS/ADS über zusätzliche autistische Züge verfügt (keine Seltenheit, da ca. 80% aller ADS/ADHS – Kinder über autistische Züge verfügen) kann diese Perspektivenübernahme weiter erschwert sein und nie wirklich funktionieren.….

Hier helfen immer wiederkehrende Erklärungen über die eigenen Bedürfnisse, die eigenen Gefühle und die eigenen Wünsche.

Im Anschluss finden Sie eine kleine Liste mit Beispiel – Bedürfnissen.

Liste Bedürfnisse

Freizeit	Autonomie
Ruhe Frieden	Entspannung Toleranz
Achtung Hilfsbereitschaft	Respekt Erfolg
Lernen	Lesen
alleine sein	Soziale Kontakte
Beruf	Achtsamkeit
Berührung	Bestätigung
Inspiraktion	zuhören
Vertrauen	Höflichkeit

Erklären Sie Ihren Kindern immer wieder, dass Sie Ihre Bedürfnisse erkennen, erklären und vermitteln sollen – auf vernünftige Art und Weise. Hierfür kann die Liste sehr hilfreich sein, die Sie natürlich noch weiter ergänzen können und sollten (die Liste enthält nur Beispiele und ist sicher nicht vollständig…). ADHS – Kinder haben Schwierigkeiten damit, Ihre Bedürfnisse zu erkennen und zu vermitteln – „Übung macht den Meister" ☺

8. Achten Sie auf IHRE eigenen Bedürfnisse

Ebenso wichtig, wie die Bedürfnisse und Gefühle Ihrer Kinder, sind Ihre eigenen Bedürfnisse – und genau diesen Punkt vergessen Eltern, besonders Mütter nur allzu oft….

Eltern spezieller Kinder sind oftmals in Ihrem „Achterbahnalltag" gefangen und funktionieren „nur noch", um den Alltag Ihrer Kinder zu gestalten. ADHS – Kinder benötigen SICHERE, FESTE und STANDHAFTE Eltern mit Nerven aus

Drahtseil – einen sicheren und festen Fels in der Brandung.

Dieser Fels in der Brandung können Sie für Ihre Kinder aber nur sein, wenn Sie auch an sich selber, Ihre eigenen „Batterien", Ihre eigenen „Kraftreserven" und Ihre eigenen Bedürfnisse denken. Es ist völlig legitim, wenn Eltern/Mütter eigene Bedürfnisse und Gefühle haben und diese NICHT vergessen, sondern einfordern! Sie sind nicht nur Eltern/Mütter, sondern Frau, Mann, Paar – achten Sie auf Ihre eigenen Bedürfnisse☺

9. Eigene Auszeiten

Achten Sie auf Ihre eigenen Auszeiten und Entspannungseinheiten. Machen Sie sich eine Liste mit allen Dingen, die Ihnen guttun könnten und helfen könnten, den stressigen ADHS – Alltag zu überstehen.

Das tut mir gut	Das kann mir helfen

10.   Holen Sie sich Hilfe

Das Leben mit ADHS – Kinder ist anders, stressiger, mit vielen täglichen Herausforderungen und Hürden – holen Sie sich Hilfe!

Hilfe in Anspruch zu nehmen hat nichts mit Schwäche und Versagen zu tun – ganz im Gegenteil. Sich Hilfe zu suchen und in Anspruch zu nehmen hat etwas mit Selbstachtung, Selbst-Fürsorge und Respekt zu tun.

- Elterntraining bei ADHS (sollte immer stattfinden – direkt nach der Diagnose)
- Elterncoaching bei ADHS (hilft anhand von Videoaufnahmen oder direkt im Alltag mit schwierigen Situationen fertig zu werden)
- Psychologischer Berater auf ADHS spezialisiert
- Psychotherapeut
- Selbsthilfegruppen (nicht überall vorhanden aber heute auch als Online – Selbsthilfegruppe möglich)
- Kinderarzt

Sonderteil

ADHS und Lernen

AD(H)S kann lernen und will lernen – aber auf andere Art und Weise. Das Lernen an sich ist bei AD(H)S erschwert, da diese Kinder mit speziellen Begebenheiten im Gehirn zu kämpfen haben. Ihr „Filtersystem" – Trennung von Wichtigem und Unwichtigem – funktioniert nicht. Somit ist ihr Gehirn ständig von irgendwelchen Reizen überflutet und sie stehen unter „Dauerbeschallung". Das Arbeitsgedächtnis funktioniert nicht so, wie es das sollte und es vergisst schneller und kann weniger Informationen aufnehmen. Durch die Reizüberflutung der „Filterschwäche" wird das Arbeitsgedächtnis noch weiter blockiert – ein Teufelskreis.

Bei ADHS führt die Hyperaktivität dazu, dass nicht alle Informationen aufgenommen werden können, da diese Kinder ständig mit Ihrer Bewegung beschäftigt sind – wie soll man so lernen?

Kinder mit ADS befinden sich dagegen immer in Ihrer Traumwelt, die sie einfach so heimsucht, ohne dass Sie es auch nur merken würden. Kinder mit ADS gleiten mit ihren Gedanken und ihrer Aufmerksamkeit so schnell ab, dass Sie es selber nicht merken!!

Bei AD(H)S – Kinder haben sich bewährt…

- Eine Sandweste, eine mit Kirschkernen befüllte Weste oder auch nur ein Kissen mit Kirschkernen. Mit Hilfe dieser Dinge fühlen Sie sich besser – die Wahrnehmung wird verbessert, können eventuell ruhiger sitzen und sich somit besser konzentrieren.
- Ein großer Gymnastikball, auf dem Sie während der Hausaufgaben sitzen können. Der Ball sorgt dafür, dass die Kinder sich „unbewusst" immer wieder ausbalancieren müssen und die Unruhe lässt nach
- Lernen mit Bewegung. Treppensteigen für das 1x1 oder die Vokabeln, hin und her laufen und etwas auswendig lernen
- Stehpult für Schule und zu Hause

- Leise Musik im Hintergrund
- Lerntraining : Stopp – Signal
- Kontakt zur Lehrkraft und Eltern

Jansen und Streit (1992) haben festgestellt, dass bei „Trödelkindern" – ADS und Lernstörungen, der Blutdruck in Lernsituationen absinkt. Dies führt dazu, dass das Lernen noch weniger funktioniert, Sie noch müder und „lahmer" werden und sich noch weniger konzentrieren können.

Vermeiden Sie es in diesen Fällen, sich direkt vor Ihr Kind zu stellen „Nun fang aber mal an und trödel nicht so lange". Stellen Sie sich auf seine Seite und gehen sie in die Hocke – schauen Sie Ihm nicht direkt in die Augen, sondern mit Ihm zusammen auf das Heft. Stellen Sie eine sachliche Frage „Welche Aufgaben musst du noch machen", „Wo kann ich dir helfen". Bleiben Sie bei Ihrem Kind und achten Sie darauf, dass es wirklich mit seiner Aufgabe anfängt.

Vergessen Sie das Lob nicht, wenn Ihr Spross mit seiner Aufgabe anfängt – loben am Anfang, nicht erst am Ende!

Was brauchen Kinder mit AD(H)S beim Lernen

- Platz beim Lehrer und nicht in der hintersten Ecke und auch nicht am Gruppentisch
- Kontakt zum Lehrer, der die Kinder immer wieder durch direkten Kontakt in den Klassenraum zurückholt
- Visuelle Unterstützungen der erforderlichen Aufgaben und des Lernstoffs
- farblich abgestimmte Fächer in der Schule
- klare, genaue Anweisungen der Lehrer über das, was getan werden soll
- klare Anweisungen über das erwartete Verhalten des Kindes

- klare, eindeutige Regeln und Konsequenzen
- senken des Lärmpegels
- ruhiger und aufgeräumter Arbeitsplatz zu Hause
- feste Zeiten für die Hausaufgaben festlegen und z. B mit Time Timer visualisieren
- große Lernportionen in Teilbereiche aufteilen und für jeden Teilbereich loben
- auf die Tagesform achten
- eventuell Belohnungssystem einführen
- eine Aufgabe nach der nächsten bewältigen – nicht springen
- eventuell Lerntherapie bei Legasthenie & Co
- eventuell macht es Sinn, die Hausaufgaben an eine Hausaufgabenhilfe abzugeben

Bewährte Lernmethoden bei AD(H)S

Nicht jedes Kind lernt auf die gleiche Art und Weise. Im Fall von Unlust – „Keinen Bock auf Hausaufgaben", ADHS und ADS braucht es individuelle Lernmethoden und einige „Basis – Voraussetzungen", damit Lernen wieder funktioniert.

Sollten sich bereits „echte" Lernstörungen eingeschlichen haben ist es sinnvoll, sich Hilfe von außen zu holen. Ein Lerntherapeut, ein psychologischer Berater oder auch ein Psychotherapeut sind hier die ersten Anlaufstellen. Eine „eingeschlichene" Lernstörung aufgrund chronischer Misserfolge führt zu gravierenden weiteren Problematiken wie Sucht, Schulverweigerung, starkes mangelndes Selbstvertrauen und dem muss so früh wie möglich entgegengewirkt werden.

Kinder mit AD(H)S und Legasthenie sind vielen Misserfolgen und Ermahnungen von Lehrern und Eltern ausgesetzt. Da diese Kinder sehr sensibel sind und „krampfhaft" versuchen, die an Sie gestellten Erwartungen zu erfüllen, sind diese Ermahnungen und Misserfolge niederschmetternd und diese Kinder geben irgendwann auf. Damit dies nicht passiert, ist das frühzeitige Erkennen und fördern dieser Kinder enorm wichtig.

Karteikarten

Arbeiten mit Karten bringt viele Vorteile für Kinder mit AD(H)S und Legasthenie. Der Einsatz der visuellen Kanäle, die bei AD(H)S und Legasthenie besser funktionieren als das reine Schreibe sind für die Kinder positiver und weniger Stress - besetzt. Da viele ADHS – Kinder gleichzeitig an Teilleistungsstörungen leiden wie Legasthenie und/oder Dyskalkulie sind hier auf Tipps bei Legasthenie aufgeführt.

Außerdem haben ADHS und Legasthenie aufgrund Ihrer Voraussetzungen, / Veränderungen in bestimmten Hirnarealen, Wahrnehmungsstörungen, Probleme mit Fein-/Grobmotorik)eine Abneigung gegen das Schreiben und der Schreibprozess verbraucht

"Speicherplatz" im Arbeitsgedächtnis, welcher sowieso schon verringert ist.

Die Lernkarten sollten das Format DIN A 7 haben und NICHT von den Kindern beschriftet werden. Die Karten sollten in Druckbuchstaben beschrieben sein, in großer schwarzer Schrift.

Nun zeigen Sie Ihrem Kind die Karte. Ihr Kind soll das Wort auf der Karte einprägen und "abfotografieren" - es soll sich ein Foto der Karte machen! Zuerst soll sich Ihr Kind das Wortbild gut ansehen und anschließend buchstabieren. Durch das Buchstabieren kann das Wortbild - also die Vorstellung des Wortbildes - im Kurzzeitgedächtnis "wach-gehalten" werden.

Durch das Vorstellen des Wortbildes, das Wiederholen im Kurzzeitgedächtnis ist die Aufmerksamkeit des Kindes nur auf dieses Wortbild gerichtet und wird nicht zusätzlich vom Schreiben müssen abgelenkt.

Sind ihre Kinder mit dieser Übung noch nicht vertraut..

Machen Sie eine Lernkarte mit max. 5 Buchstaben für Ihr Kind fertig. Gehen Sie wie beschrieben vor und lassen Sie Ihr Kind das Wort RÜCKWÄRTS buchstabieren, mit geschlossenen Augen! So lernen die Kinder, wirklich den visuellen Kanal zu nutzen....

Das Einprägen aller anderen Worte - das Buchstabieren - erfolgt danach allerdings vorwärts:-)

Hilfreich kann es sein, wenn Kinder sich vorstellen, sie sehen die eingeprägten Worte auf einer BLAUEN WAND - also weiße oder gelbe Schrift auf blauer Wand.

Wo kann diese Methode eingesetzt werden

- Grundwortschatz

- Lernworte

- Worte für Diktate

- schwierige Worte

- Vokabeln

Wie viele Worte pro Tag

"Weniger ist mehr" - aber dafür regelmäßig!

Grundsätzlich wird unterschieden zwischen....

- neuen Worten

- schon gekonnten Worten

- zu wiederholenden Worten

Grundsatz: NUR wenige neue Worte zum Einprägen ABER viele Worte beim Wiederholen!

Beispiel :

1. Klasse 1 NEUES Lernwort, 2. Klasse 2 NEUE Lernwörter....pro Tag geübt werden. Das hört sich wenig an, aber aufgrund der Regelmäßigkeit kommen Sie auf....

3 neue Worte pro Tag = 15 Wörter pro Woche

4 pro Tag   = 20 pro Woche

Um irgendwann "ohne zu denken" auf die richtige Schreibweise der Worte zugreifen zu können ist es wichtig, sie richtig abzuspeichern und ihnen die Chance zu geben, im

Langzeitgedächtnis zu landen - dies gelingt aber nur mit ausreichenden Wiederholungen!

Hierfür braucht es, gerade bei neuen Worten, regelmäßiger Wiederholungen - über den Tag verteilt. Kann Ihr Kind, die neu erlernten Worte am nächsten Tag noch korrekt buchstabieren, war die Anzahl der Wiederholungen am ersten Tag korrekt....

Kinder mit AD(H)S und Legasthenie benötigen rund 10 Wiederholungen - anfangs täglich! +/- je nach Individualität ihres Kindes....

Aber auch die bereits gelernten Worte dürfen nicht vergessen werden - sonst sind sie weg:-)

Machen Sie z. B die Wiederholungen von bekannten Worten VOR Beginn der Hausaufgaben - zum Warm werden:-) Sind die Wortbilder SICHER im Gehirn gespeichert, können Sie die Worte diktieren und Ihr Kind versucht nun, die gelernten und abgespeicherten Worte sicher auf das Papier zu bringen. Hierbei soll es sich zuerst das "abfotografierte" Bild vorstellen und es beim Schreiben leise mitsprechen.

AD(H)S und Legasthenie kann sehr wohl lernen und auch in der Schule erfolgreich sein - es kommt darauf an, sich auf wenige Lernmethoden zu beschränken, regelmäßig zu wiederholen und den individuellen Lernweg der Kinder zu berücksichtigen. ADHS und Legasthenie brauchen andere Lernmethoden, als oft in den Schulen bereitgestellt wird. Die heutige bunte Vielfalt aus kopierten Arbeitsblättern mit unterschiedlichen Aufgabenstellungen und unterschiedlichen Methoden soll die Motivation der Kinder steigern, bewirkt allerdings oft das Gegenteil. Besonders Kinder mit AD(H)S und Legasthenie sind von eben dieser Vielfalt überfordert und Ihr Arbeitsgedächtnis ebenso.

Einschätzung des Schulpädagogen am Institut für Pädagogik der Uni Lüneburg" Schulisches Lernen gleicht einem schlecht gemixtem Cocktail aus Tradition und zum Zeitgeist passender

Innovation." (Quelle: Wellenreuther 2009, S.52)

Zeitmanagement

Viele Kinder haben Probleme mit der Zeit. Sie können Zeit nicht einschätzen, kalkulieren viel mehr Zeit ein als sie tatsächlich benötigen – oder viel weniger und Sie vertrödeln Ihre Zeit mit unwichtigen Sachen und Diskussionen. Besonders ADHS – Kinder haben dieses Zeitproblem lange Zeit und sehr ausgeprägt.

Machen Sie Ihnen Zeit sichtbar an Hand des Zeit-Schätz-Protokolls.

Mit diesem Protokoll können Kinder lernen, wie viel Zeit Sie wirklich für bestimmte Aufgaben benötigen, wie viel Zeit Sie mit Diskussionen verlieren und wie Sie Ihre Zeit einteilen und planen können.

Zeitprotokoll – „Schätz Deine Zeit"

Aufgabe	Max. geschätzte Zeit	Zeitverlust durch Ablenkung, Diskussion	Wirkliche Zeit
Mathe S.38	weiß nicht -bestimmt mind.1Std	25 Min	18 Min

Führen Sie einen Wecker ein. Vereinbaren Sie mit Ihrem Kind den Stark für die Hausaufgaben und halten Sie dies schriftlich fest. Nun stellen Sie einen Wecker auf die vereinbarte Zeit – der Startbeginn. Kontrollieren Sie die erste Zeit, ob Ihr Sprössling auch tatsächlich mit dem Wecker klingeln Seine Aufgaben beginnt☺ Sowie Ihr ADHS – Kind anfängt zu arbeiten, LOBEN Sie Ihr Kind für das Anfangen!!!

Störende Gedanken, die vom Arbeiten abhalten, sind für die Kinder oft unbemerkt. Lassen Sie Ihre Kinder diese Gedanken aufmalen oder aufschreiben. Diese Zettel bleiben dann, außerhalb vom Arbeitsplatz liegen und können danach bearbeitet werden.

Visualisieren sie einen aufgeräumten Arbeitsplatz. Kinder wissen oft nicht, was Eltern von Ihnen wollen, wenn diese einen aufgeräumten Arbeitsplatz verlangen. Räumen Sie den Arbeitsplatz auf, machen Sie ein Foto und hängen Sie das Foto für das Kind sichtbar auf. Es wird ihm helfen, Ihre Anweisungen zu verstehen.

Um das leidige „Schulranzenthema" zu beenden, helfen ebenfalls Fotos oder auch eine Liste mit wichtigen Dingen für den Schulranzen. Diese wird täglich abgehakt.

Das morgendliche Aufsteh-Chaos

AD(H)S – Kinder trödeln, verzetteln sich in der Zeit, kommen zu spät….Hierbei kommt es jeden Morgen zu Stress und weiterer Hektik, die sich ungünstig auf die ADHS – Kinder auswirken…

Achten Sie darauf, dass Ihr Kind ausreichend Schlaf bekommt, was allerdings bei ADHS – Kindern nicht immer so einfach ist. Viele ADHS-Kinder haben gravierende Schlafprobleme und machen die Nacht zum Tag. Dies führt natürlich dazu, dass diese Kinder am Tag unausstehlich sind, aufgrund des Schlafmangels – ein Kreislauf…

Bestimmen Sie Aufgaben, die morgens garantiert zu erledigen sind.

Schreiben Sie mit Ihrem Kind zusammen auf, WAS morgens alles anliegt und unterstützen Sie diese Anweisungen mit visuellen Hilfen.

Z. B

- Wecker klingelt um 7:00

- 10 Min Zeit zum Wach – werden

- Wecker klingelt um 7:10 noch einmal

- Aufstehen

- in 15 Min. Zähne putzen, waschen, anziehen

- Frühstück

- Wecker klingeln – Zeit für Schule

Kleidung am besten am Vorabend herauslegen und Schulranzen am Vorabend fertig packen.

Planen Sie IMMER „Pufferzeit" ein – am besten jeweils 10 – 15 Min.

Geben Sie besonders am Anfang, immer wieder klare Anweisungen und achten Sie auf das Einhalten dieser Anweisungen. Machen Sie sich im Vorfeld auch Gedanken um die Konsequenzen, wenn Ihre Anweisungen nicht eingehalten werden.

Ein besonderes Augenmerk sei hier noch auf die Machtkämpfe gelegt und diese kommen mit ADHS – Kindern oft vor und gehören manchmal auch zur Tagesordnung…

Machtkämpfe äußern sich durch..

„Ich mach das nicht"

„Nö, lass mich in Ruhe"

„Mach doch selber"

„Das ist mir zu blöd"

Machtkämpfe in der Hausaufgabensituation…welche Kinder neigen dazu?

Vernachlässigte Schüler

Diese Kinder scheinen hilflos zu sein und versuchen über diese „Hilflosigkeit" den Kontakt zu Ihren Eltern herzustellen – sie fordern Eltern und Lehrer förmlich heraus. Typisch bei diesen Eltern – Kind – Konstellationen sind Gespräche wie „Fang endlich an, deine Hausaufgaben zu machen", „Nö ich will aber nicht, mach das doch selber", „Sei nicht so frech, lern dein 1x1 „, „Nee, kann ich schon", „Erzähl nicht so einen Mist, gestern konntest du es noch nicht"….

Diesen Kindern sind negative Gespräche und Zoff lieber, als gar kein Kontakt. Sie haben gelernt, über Ihr negatives Verhalten Aufmerksamkeit und Zuwendung zu bekommen – auch, wenn diese negativ sind.

Lassen Sie mal für einige Wochen Hausaufgaben Hausaufgaben sein und vermeiden sie dieses Thema. Verbringen Sie gute, positive Zeit mit Ihrem Kind und loben Sie es für gute Gespräche, für tolle Ideen, für gutes Verhalten. Fokussieren Sie sich auf die Stärken

Ihres Kindes und führen Sie ein *Positiv –*
Tagebuch. Diese Kinder haben oft schon sehr
früh gelernt, dass Sie über Ihr negatives
Verhalten Aufmerksamkeit erlangen können –
oft schon im Kleinkindalter.

Pubertät, Pubertät, Pubertät

In dieser Zeit geht es um Autonomie,
Abgrenzung, Erwachsen werden, eigenständige
Entscheidungen treffen…

Versuchen Sie, Konflikten aus dem Weg zu
gehen, Kompromisse zu finden und lassen Sie
Ihre Sprösslinge, wenn es nicht anders geht,
auch mal auflaufen. Erwachsen werden heißt,
eigene Entscheidungen zu treffen und wer diese
eigenen Entscheidungen treffen will muss auch
mit den Konsequenzen leben ☺

Überforderung

Überforderte Kinder reagieren mit Abwehr,
Aufschieberitis und Streit. Kann ein Kind die
gestellten Anforderungen nicht erfüllen, wird es

sie vermeiden. Haben Sie das Gefühl, Ihr Kind ist überfordert, sprechen Sie ehrlich mit dem Lehrer. Es macht wenig Sinn, diese Schwierigkeiten verheimlichen zu wollen, nach dem Motto „Was sollen denn die Anderen denken" und Ihr Kind dafür leiden zu lassen. Suchen Sie die Hilfe beim Lehrer, bei einem Lerntherapeuten und suchen Sie eine geeignetere Schulform. Warten Eltern in diesem Fall zu lange oder wird die permanente Überforderung übersehen oder ignoriert, bilden diese Kinder eine „waschechte" Lernstörung aus die bis hin zu Versagerängsten und Schulverweigerung führen kann.

Grenzenlose Kinder

Leider leben wir in einer Zeit, in der viele Kinder grenzenlos aufwachsen. Diesen Kindern sind Regeln, Grenzen und Konsequenzen fremd – aus welchen Gründen auch immer.

Im Laufe der Entwicklung – vom Babyalter an – lernen Kinder normalerweise mit Frustration angemessen umzugehen. Grenzenlose Kinder lernen dies allerdings nicht, da Ihnen nie Grenzen, Regeln und Konsequenzen für Ihr Verhalten auferlegt wurden. Diese Kinder kämpfen dafür, sich nicht anstrengen zu müssen, dass Ihnen weiterhin alle Steine aus dem Weg geräumt werden. Schule und lernen bedeutet nun einmal, Dinge zu tun auf die man weniger Lust hat, Arbeiten fertig zu machen, auch wenn das Wetter gut ist und Zeit mit lernen zu verbringen.

Fragen sie sich in diesem Fall…

- Wie viele Rechte hat mein Kind
- Wie viele Grenzen und Regeln hat es
- Kennt es Konsequenzen für sein Verhalten
- Darf es auch mal Frust ertragen müssen
- Darf es auch mal verlieren und kann es verlieren

Machen Sie Ihrem Kind klar, dass das Leben kein Ponnyhof ist und auch Sie in Ihrem Leben mit Frust, Stress und Konsequenzen leben müssen!

Führen Sie Regeln, Grenzen und Konsequenzen ein – es wird ihnen und ihrem Kind guttun!

Was können Eltern gegen Machtkämpfe machen

Lassen Sie sich nicht hinreisen, hören Sie auf zu diskutieren. Hören sie auf, mit Engelszungen auf ihren Sprössling einzureden und an seine Einsicht zu appellieren – sinnlos!

„Nicht reden – handeln"

Entschiedenes, sicheres, klares Verhalten von Ihnen

Seien Sie, wie der Fels in der Brandung! Sie wissen, was Sie möchten, also geben Sie das weiter.

Seien Sie sicher, in dem was Sie tun! Vertrauen Sie auf sich selber, Ihr Bauchgefühl, Ihre Intuition und darauf, dass Ihr Kind das, was Sie erwarten bewältigen kann.

Kinder haben gute Antennen und fühlen die Unsicherheiten Ihrer Eltern. Darauf reagieren Sie mit Ablehnung, Austestung und Verstärkung des negativen-unerwünschten Verhaltens!

Seine Sie sicher, wie der Fels in der Brandung! Besonders Mütter neigen oftmals dazu, sich und Ihre erzieherischen Kompetenzen in Frage zu stellen und wechseln von einer Erziehungsmethode zur nächsten…Kinder fühlen das und verstärken ihr Verhalten. Wenn Sie selber merken, dass Sie in einer Sackgasse stecken, ist es völlig legitim, sich *Hilfe zu holen, um Ihr eigenes SELBST zu stärken.* Geben Sie klare und einfache Aufforderungen und Anweisungen. Suchen Sie Blickkontakt zu Ihrem Kind, berühren Sie es kurz am Arm und stellen Sie sicher, dass es Ihnen zuhört.

WAS soll es machen

WANN soll es etwas machen

WO soll es etwas machen

BIS WANN soll es erledigt sein

Kurze, knappe, sachliche Aufforderungen – keine Monologe und Gardinenpredigten ☺

Fängt Ihr Sprössling an zu diskutieren, bleiben Sie einfach wortlos neben Ihm stehen – lassen Sie sich nicht hinreisen, in die Diskussion einzusteigen. Verlassen Sie auch nicht den Raum, Ihr Sprössling wird entweder hinterherkommen und diskutieren oder die gestellte Aufforderung nicht erfüllen.

Wiederholen Sie die Aufforderung und bleiben Sie der Fels in der Brandung! Kommt Ihr Kind Ihrer Aufforderung nach, ist ein echtes Lob wichtig!

Lernen Sie Lob, richtig und angemessen einzusetzen!

Das Leben mit ADHS – Kinder gleicht oft von Geburt an einer .....

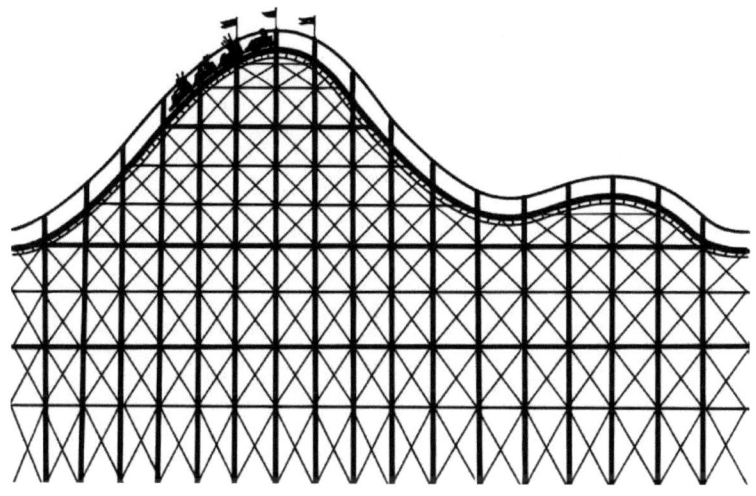

....mit vielen Höhen, Tiefen und Loopings ☺ ADHS – Kinder stellen viele Forderungen an Eltern, Lehrer, Erzieher und lernen oft sehr früh, dass viele Menschen froh sind, wenn diese Kinder gehen statt kommen...

Die vielen negativen Erfahrungen führen bei diesen Kindern zu einem mangelnden Selbstvertrauen mit vielen schwerwiegenden

Folgen. Dieses mangelnde SELBST verstecken Sie allerdings oft hinter einer Fassade von Clownerei, „Großkotzigkeit", Aufmüpfigkeit und Angriff....

Viele Eltern kommen an einen Punkt der Hilflosigkeit, der Wut, der Angst, der Trauer und des Zweifelns an Ihren eigenen erzieherischen Fähigkeiten.

Machen Sie sich trotz alle dem – oder gerade DESWEGEN immer wieder klar, dass Ihr Sprössling über so viele tolle und grandiose Eigenschaften verfügt, viele tolle Stärken hat und einzigartig ist ☺ Kein Kind dieser Welt ist „nur" anstrengend, „nur" aufsässig...Verändern Sie Ihren Blick – suchen Sie ganz bewusst die guten Eigenschaften, die Hilfsbereitschaft, die Fähigkeit zur Energie, die „Steh – auf – Männchen" – Mentalität Ihrer Kinder ☺

Ich versichere Ihnen, all diese Kinder werden Ihren Weg finden – dieser Weg wird nie auf gerade Strecke zu erreichen sein, er wird vorbei gehen an Sackgassen, Umleitungen, Baustellen

– ABER Sie werden Ihren Weg finden...WENN man Ihnen hilft, IHREN Weg zu finden....

Diese Kinder werden frustriert scheitern, wenn man versucht, SIE der Gesellschaft anzupassen, Sie in die gesellschaftlichen Normen zu quätschen...Natürlich ist es unerlässlich, Ihnen einige gesellschaftliche Regeln zu vermitteln und Ihnen klar zu machen, dass auch Sie sich an diese Regeln halten müssen. Dennoch ist es wichtig, für diese Kinder eine Möglichkeit zu suchen, Ihre Stärken zu erkennen, zu erleben und zu verinnerlichen und Ihnen so die Chance zu geben, IHREN eigenen Weg zu suchen.

Ein ADHS – Kind mit autistischen Zügen, was unendliche Schwierigkeiten mit einem „Small – Talk" hat muss man nicht dazu zwingen, beim Familientreffen Stundenlang Rede und Antwort auf sämtliche Fragen zu stellen....

Ich wünsche Ihnen als AD(H)S – Eltern viel Kraft, Energie, Liebe und Durchhaltevermögen und eine gehörige Portion Nerven☺

Achten Sie auf SICH und vergessen Sie nicht Ihre eigenen Bedürfnisse und Wünsche und laden Sie Ihre Batterien auf!!! Das „Achterbahnleben" mit ADHS – Kindern verbraucht diese Batterien schneller und kräftiger und Sie müssen darauf achten, diese immer wieder aufzuladen – BEVOR Sie komplett entladen sind…

Achten Sie auf die vielen positiven Eigenschaften und Stärken Ihrer Kinder – ob mit oder ohne ADHS☺ Je mehr Sie sich auf die positiven Dinge konzentrieren und darüber auch durchaus Buch führen, umso mehr treten alle „negativen" Eigenschaften in den Hintergrund. Leider fokussieren wir Erwachsenen uns immer wieder darauf, was alles nicht funktioniert und was alles nicht klappt, anstatt uns in Erinnerung zu rufen, WAS alles klappt und gut läuft.

Lassen Sie sich von Ihren Mitmenschen nicht verunsichern ! SIE las Eltern müssen in sich ruhen und ein starkes Selbst aufbauen – mehr, als alle anderen Eltern.

Tauschen Sie sich aus in Sebsthilfegruppen oder Foren – es hilft und erleichtert, wenn man feststellt, dass man mit seinen täglichen Achterbahnfahrten nicht alleine ist.

Sind Sie als Elternteil selber von AD(H)S betroffen, sollten Sie unbedingt ein Elterntraining besuchen. Hier erfahren Sie alles wirklich Wichtige, über die Begleitung und Erziehung von Kindern mit ADHS. Eltern mit ADHS haben oftmals Schwierigkeiten, sich und Ihre Kinder richtig einzuschätzen und Konsequenzen und Regeln richtig anzuwenden.

Ich hoffe sehr, Ihnen konnte mein kleiner Ratgeber helfen, Ihren Alltag zu entstressen und Ihre Kinder besser zu verstehen.

Bei Fragen und Anregungen stehe ich Ihnen jeder Zeit zur Verfügung.

www.coach-conny.de

„Das Leben mit Kindern ist einzigartig, enorm, grandios"

„Kinder lernen immer und überall – nur nicht auf die selbe Art und Weise"

„Mein Kind ist einzigartig und genial"